Tchiya Jilamaut

Sentiments trompés, Logique perdue

Tchiya Jilamaut

Sentiments trompés, Logique perdue

La bêtise humaine

Éditions Muse

Imprint
Any brand names and product names mentioned in this book are subject to trademark, brand or patent protection and are trademarks or registered trademarks of their respective holders. The use of brand names, product names, common names, trade names, product descriptions etc. even without a particular marking in this work is in no way to be construed to mean that such names may be regarded as unrestricted in respect of trademark and brand protection legislation and could thus be used by anyone.

Cover image: www.ingimage.com

Publisher:
Éditions Muse
is a trademark of
Dodo Books Indian Ocean Ltd. and OmniScriptum S.R.L publishing group

120 High Road, East Finchley, London, N2 9ED, United Kingdom
Str. Armeneasca 28/1, office 1, Chisinau MD-2012, Republic of Moldova, Europe
Printed at: see last page
ISBN: 978-620-4-96366-2

****

Quand les souffrances prennent forme en un Poème,
Elles s'expriment avec force, sans problème,
Les mots deviennent le reflet de la douleur vécue,
Une manière de donner voix à l'émotion retenue.

Les vers se tissent comme des fils de l'âme,
Portant les cicatrices, les peines, les flammes,
Chaque rime, chaque ligne est une catharsis,
Libérant les tourments, les pleurs, les crises.

Le Poème est un moyen de dire l'indicible,
De transmettre les émotions invisibles,
Il offre une langue à la souffrance muette,
La transformant en une expression concrète.

Ainsi, les souffrances parlent en forme de Poème,
Devenant un témoignage, une voix suprême,
Une création artistique chargée d'émotions,
Une œuvre d'art née des profondeurs de l'âme, en toute passion.

****

Le Poème, montagne de souffrance accumulée,
Commence avec les hurlements des émotions refoulées,
Rejetées par la logique collective qui régit le monde des hommes,
Elles se réfugient dans le cœur, leur mère, manifestant contre le cerveau en somme.

Le cœur s'oppose au chaos que le cerveau commande,
La logique, sa ministre, cherche une résolution, comprend,
Avec l'aide de la pensée, elle trouve un moyen mystérieux,
Appelé Poème, vieux mystère de l'histoire des hommes, précieux.

Une occasion d'exprimer les émotions comme un volcan intérieur,
De transformer les négatives en positives avec ferveur,
Après avoir été oubliées pendant des siècles sur cette terre,
Enfin, elles jaillissent, telles des éclaboussures sur le papier, une nuit solennelle et austère.

Dans le silence et l'obscurité, le Poème prend forme,
Par une plume qui s'ondule et s'épanouit, transforme,
Les émotions en mots, les souffrances en beauté,
Le Poème, témoin de notre humanité, vérité révélée.

****

L'automne a effacé l'été

De jaune, d'orange, une belle clarté

Sous les yeux d'une lune rouge sang

Mais ta place n'est qu'ecchymoses, noir et hématome, affligeant

Parfois remplie d'espoirs gris des médecins

Souvent qualifiée de paresse par mon paternel chagrin

La mère ne fait que tousser, sans pouvoir me rassurer

Seul toi connaissais les nœuds dans ma gorge à soulager

Comme une fenêtre gelée, oubliée et close à double tour

Mon cœur se serre, mon âme souffre, un émoi d'amour et de détresse, un lourd fardeau à porter chaque jour.

****

Quand le dimanche se lève,

Toutes mes dents me font la grève.

Ma langue subit un siège cruel,

Tremblante et effrayée, elle s'isole.

Dans un coin de ma bouche, elle se cache,

Alors que quelqu'un murmurait, sans relâche,

Que la vie n'était que fatigue et labeur,

Un regard fatigué comme celui d'une vieille dame, pleurant son malheur.

Sur ses mains ridées, se perdent ses rêves,

Dans le dernier instant de la vie, l'âme s'élève,

Emportant avec elle les souvenirs et les peines,

Laissant derrière elle les regrets et les haines.

****

Néant ou être, comme le regard de Sartre,

Vieux, fragilisé ou éphémère, l'existence peut être un art

Habitué à la bibliothèque de mon père,

Je suis devenu une partie de sa poussière.

Je suis tombé sur ce lit en fer,

La frontière entre être et ne pas être est de plus en plus claire,

En rêvant de Gregor Samsa disparu,

Dans le va-et-vient futile du soleil et de la lune.

Je baille bêtement, confus,

De la Métamorphose, je suis confus,

Mais la vie continue, comme un éternel recommencement,

Entre le néant et l'être, entre l'ombre et la lumière, un choix constant.

****

La nature, les dieux mentent des fois,

Les gens appartiennent sûrement à moi, sans voix,

Le ciel, la lune mentent en prétendant chaque fois,

Les étoiles sont enfantées par moi, un droit.

La mer, le ciel mentent depuis des siècles,

Le bleu est à moi, une réflexion immortelle,

La nature, les dieux, la lune, le ciel, la mer,

L'humain, je suis pessimiste de ces chers.

Le monde est à moi, malgré qu'il soit en guerre,

Une vérité que personne ne peut contester,

Mais la paix ne viendra jamais d'elle-même,

C'est à nous, les humains, de la chercher, de l'aimer, de la protéger.

****

J'ai vu l'amour hier soir dans les trottoirs de la ville,

Aveugle, chantant, un chapeau à la main en guise de file,

Mendiant des regards et parfois du pain avec une grande habileté,

Ses gémissements ressemblaient à un homme qui enterre sa femme tuée par lui-même.

Ses rires ressemblaient à une femme qui cherche un autre dans les yeux de son homme,

Un jeu de désespoir et de tendresse qui n'en finit pas d'émouvoir les hommes,

Un amour insaisissable, comme l'air qu'on respire,

Qu'on cherche toute sa vie, sans jamais vraiment le saisir.

Mais l'amour est là, quelque part, caché dans nos cœurs,

Il nous guide dans nos pas, dans nos choix, dans nos peurs,

Il nous accompagne, nous réchauffe, nous nourrit,

Et nous donne la force d'affronter la vie avec énergie

****

Prolongé dans les émotions éphémères,

Emprisonné dans la guerre des couleurs,

Enfermant la mort dans la ténèbre, noire et laide,

La moitié de la vie pleure pour les êtres chers.

Pas pour eux qui ont été libérés de cette guerre,

Mais pour nous, une sorte d'égoïsme immature,

Toutes les valeurs brisées en mon être,

Je me doute strictement de ce que je sens.

Tout ce qui me fait rire, au nom de la joie,

Nous sommes fermés dans une circulation absurde,

Avec un espoir au bout de l'obscurité,

Comme une grande pierre que Sisyphe a poussée.

Mais je garde espoir, malgré tout cela,

Dans un monde de paix et de lumière,

Où la vie est pleine d'amour et de couleurs,

Et où la mort n'est qu'un nouveau départ, sans douleur.

****

Le temps s'écoule sans qu'on puisse le saisir

La fenêtre témoin d'un éternel devenir

Oscillant entre le clair et l'obscur

Entre la vie et la mort qui nous guette impur

Dans cette lutte incessante des contraires

On se retrouve souvent en proie au désespoir

A chercher une issue qui se dérobe sans cesse

A vouloir fuir ce monde qui nous oppresse

On court après l'espoir comme le corbeau

Mais il semble nous fuir sans jamais atteindre le beau

Pourtant, il reste cet éclat dans nos yeux d'enfant

Qu'on garde au fond de nous pour affronter le temps

Car malgré les bombes et les guerres dévastatrices

Il reste en nous cette flamme inaltérable, cette lueur vive

Qui nous pousse à continuer de croire, d'espérer

Et de vivre, malgré tout, avec intensité.

****

Après tout ce poids du temps passé

On est resté et cette fenêtre pâle

Qui encadre le passage futile du temps

Noué entre le Yin et Yang, en équilibre instable

En combattant du jour avec la nuit

Coincé dans une attente même sans Godot

S'en échapper des religieux pour ne pas tuer quelqu'un

S'est poudré par les bombes atomiques en train de s'existentialiser

Condamné aux bêtises humaines entre les êtres vivants sur la terre

L'espoir, le même corbeau des contes

Qui n'arrive jamais à chez-lui

Dont nous avons perdu à l'enfance, nos rêves insensés.

****

La vie qui s'échappe, comme une fumée
À travers les doigts, comme le sable
Du temps qui glisse, sans jamais s'arrêter
Nous laissant dans un monde instable

Le soleil qui se lève, et puis qui se couche
La lune qui prend le relais, pour une nuit sans fin
Nous qui attendons, dans cette vie qui nous touche
Et qui s'écoule, sans nous laisser de répit, sans fin

Entre la guerre et la paix, entre le bien et le mal
Nous cherchons notre chemin, sans savoir où aller
Perdus dans nos pensées, et dans nos idéaux banals
Nous essayons de survivre, malgré nos peurs et nos faiblesses

Mais l'espoir est là, malgré tout, fragile mais présent
Comme une fleur qui pousse, dans un désert aride
Nous devons le préserver, le cultiver, soigneusement
Pour qu'il grandisse, et qu'il nous guide, dans notre vie morbide.

****

Tu sais combien de fois j'ai marché

Dans les rues mouillées, perdu dans mes pensées

Des images de tes yeux, des rêves d'automne humides

Me hantaient, même dans les rues les plus arides

J'avais toujours peur du virage au bout du chemin

Car je savais que c'est là que je t'ai perdue, un jour sans fin

Dans ces virages ténébreux, où se croisent l'ombre et la lumière

Le souvenir de toi est resté, brûlant comme un brasier

A chaque pas, chaque souffle de cigarette

Des poèmes non écrits, des mots restés muets

Sous mes lèvres, derrière mes paupières closes

Se sont envolés, perdus dans la brume morose

Maintenant la pluie me lave de mes peines

Mouillant mes paupières, mes lettres et mes veines

J'écris, éperdument, pour te retrouver

Au fond de moi, où tu as toujours été caché.

****

Prométhée, enchaîné, alla condamné

Pour avoir aimé l'humanité sans contrainte

Zeus, quant à lui, fut le futur enchaîné

Par la peur d'une éternité décadente

Les humains, eux, sont piégés dans le passé

Semant la peur d'un futur incertain

Le temps, milliards d'années sur la Terre a passé

Mais personne ne comprend la pitié pour les défunts des vivants

Peut-être que les vivants se considèrent seuls vivants

Imaginant que Zeus a enchaîné le futur tel un géant.

****

En l'air de tes beaux yeux

J'ai pris la trace de ton regard

Errant en comment, quoi, pourquoi…

Dans quelques ruelles ténébreuses

Je suis arrivé à tes lèvres

Je perdrai sûrement

En quelques bisous doucement

Oh, hélas…

J'étais venu à l'air de tes beaux yeux

****

Voyez, chers camarades, quel simplement

L'amour pâle dans les yeux des gens

Et sa place s'est prise par la haine, panache et tromperie !

Enracinée par une concurrence profondément

Comme les gladiateurs dans les cages des bourgeoises

Regardez, chaque vent des paupières souffle vers la ruine

Oh les gens...

Errants entre la solitaire

Ce n'est pas tout atout d'humain

Marcher seulement sur deux pieds uniquement !

Prenez votre conscience et pensez à vos générations suivantes

Dont tout ce qui reste de nous comme un héritage

****

Parfois, notre cœur nous quitte en douceur,
Et nous laisse seuls, sans un mot, sans un pleur,
Figés, sans émotions, dans une froide torpeur,
Perdus dans les détails insensés de l'intérieur.

Nous sommes alors obligés de nous moquer
De notre logique, de notre raison, de notre pensée,
Mais ne t'inquiète pas, la logique nous comprendra,
Et les sentiments seront trompés simplement, voilà.

Car la raison cherche un sens, un éclaircissement,
Face aux tourments du cœur, dans ce tumulte déroutant,
Elle tisse sa toile, cherche des réponses, des repères,
Pour apaiser les émotions, calmer les éclairs.

Mais parfois, les sentiments sont rusés, fourbes,
Ils jouent avec la logique, dansent dans les ombres,
Ils se cachent, se camouflent, trompent les sens,
Et la logique se retrouve perdue, en défense.

Pourtant, même dans cette apparente confusion,

La logique nous accompagne avec bienveillance,

Elle nous guide, nous éclaire, nous offre sa clarté,

Et les sentiments, éphémères, s'évanouissent dans l'éternité.

Alors, n'aie pas peur des sentiments trompés,

Car la logique nous comprend, elle est notre alliée,

Elle nous aide à traverser les tourments du cœur,

Et nous guide vers la vérité, avec sa sagesse intérieure.

****

Ma bouche sent la viande d'un animal pourri

Tué dans les pièges des hommes avertis

Dans les déserts de la bêtise humaine

Mes mains également, nerveuses et tremblantes, prisonnières de la modernité

Elles sentent toujours le médicament charlatan

Un jour je les livrerai à une clinique psychiatrique

Mes jambes se tordent souvent ensemble

Se combattant loin de mon regard pour trouver une dichotomie

Qui a commencé le premier pas ignorant ?

Il ne reste qu'une tête, une effroyable haine

Une sphère roulante basée sur le mal des humains

Dont c'est l'honneur d'être l'esclave des agresseurs

Qui cherchent une exploitation sidérante

Du mystère entre la bougie et le papillon

Comment peut-on abuser d'une telle relation

Pour en faire quelque chose comme une bombe atomique ?

****

Entre la terre et les cieux

J'ai erré cherchant mon cœur perdu

Au goût d'une cigarette séduisante

Par une vieille habitude extravagante

Je m'abrite dans mon lit pour me cacher dans un sommeil

Pourtant, le lit grince et chante une chanson

De l'histoire de férocités et génocides entre nous

Au nom d'idéologies incroyables, sans tête ni bout

Commence à tuer d'Abel jusqu'à l'extraterrestre

Cherchant chaque solution pour tuer chaque être terrestre

Ils criaient dans mon oreille de chaque coin du monde

Ai-je été la métamorphose de Kafka dans un roman

Que j'ai peur de Dieu, du temps et de la religion

****

À nom de la femme, de la mère

Qui nous a donné la vie, l'amour, la lumière

Avant de comprendre tout ce qu'elle a offert

On l'a ignorée, sacrée sur l'autel de l'ignorance

Par la peur imposée par les religieux, sans clémence

Prétendant qu'on est né d'un dieu inconnu

On s'impose un aveuglement orgueilleux, déchu

Vivant dans un monde imaginaire et éthéré

Cherchant toujours la vraie vie, l'amour, la liberté sur la terre

Sans savoir d'où on ne vient ni où on va

Cachant le vrai dieu, écrasant le paradis, tel est notre triste état

Conditionnés à croire en une bêtise héritée

Pris comme une grande valeur humanitaire, une absurdité

Nous sommes devenus de belles marionnettes en tant qu'humains

Sans même comprendre ce qu'est une simple cellule humaine.

****

Les nuits glaciales, il hurlait son désarroi

Nous offrant son âme gelée en sacrifice

Et nous, bien trop aveugles pour voir sa peine

Nous étions sourds à ses cris et à ses pleurs

Nous l'avons couvert de couettes, en vain

Car sa douleur était bien plus profonde

Enfin, le silence a pris le dessus sur ses cris

Nous avons alors remercié le ciel d'être en paix

Mais nous avons ignoré l'âme en détresse

Laissant cette âme sombrer dans les ténèbres

Même les morts ont frémi, face à tant de tristesse

Ferme la fenêtre, ami, et écoutons nos cœurs

Il n'y a plus de place pour la foi en dieu

Mais peut-être pour l'amour et l'empathie, enfin.

(Dédié au philosophe et poète, Hossein Panahi)

****

Ils nous ont montré la mort,

Si noire et si laide

Emprisonnée en émotions éphémères

Une succession de couleurs, parfois douloureuses,

Qui brisent le temps en mille morceaux.

Quand tu n'arrives pas à croire qu'il est parti,

Tes larmes coulent sans retenue,

Emprises d'un égoïsme profond

Qui détruit tout ce qui doit être guéri.

Je doute sans cesse, mon cœur brisé,

Me demandant comment profiter de la vie

Quand l'obscurité semble gagner.

Pourtant, au fond de moi, je sens un espoir absurde

Qui m'appelle vers une lumière inconnue.

****

À affronter ta charmante pleine douée

Mes cils confus seraient noués

Dès premier vent de tes paupières

Mon regard a vécu un instant dans ton regard

À cauchemar de la couleur de tes yeux

Toutes les ténèbres de ma vie ont disparu

Je me perdrais entre la frontière d'amour et d'aimer

Quand tu es seule résidente dans ce cœur abîmé

****

Les erreurs et les fautes se sont accumulées

Comme des pierres sur un chemin tortueux

La bêtise humaine, telle une épidémie,

A infecté chaque esprit, chaque être

Et maintenant nous vivons dans l'ombre de notre folie

Sans savoir comment nous en sortir et renaître

Mais malgré tout, gardons l'espoir en notre cœur

Que nous pourrons un jour vaincre cette erreur

Et retrouver la joie d'être heureux, enfin libérés

De cette bêtise humaine qui nous a tant tourmentés.

****

Les gens qui ont été enfantés par L'aimant
Par une mère, une terre ou la nature
Errants et irrationnels et pleins de peur,
Ont créé un autre dieu pour eux-mêmes, ignorant
Avant de connaître et reconstituer de lui-même
Ont créé une autre nature comme le paradis, en rêvant
Que personne ne sait rien sur là-bas !

Délivrez-moi de chaque amour aveuglante et des émotions inutiles,
Qu'une créatrice comme la femme,
Ne soit plus asservie et utilisée comme un outil !

Je suis celui qui est venu de la femme,
Ensuite retirerai et retournerai vers la femme,
Et enfin dans les bras de la nature serai vidé de l'âme !

Cette folie humaine est tel un labyrinthe,
Où l'on tourne et s'enfonce en perdant la raison,
Mais je garde espoir en l'amour, en l'équilibre,
Et en une nouvelle ère d'harmonie et de passion !

****

Si tu cherches la raison dans l'obscurité,

Tu risques de te perdre dans la complexité.

Le noir et le blanc sont deux côtés d'une pièce,

Il faut parfois laisser son cœur faire la trêve.

Les émotions sont une part de notre être,

Elles ne sont pas toujours faciles à maîtriser.

Mais si tu es patient, tu verras peut-être,

Que la raison et les sentiments peuvent coexister.

Les secrets sont cachés dans la brume grise,

Il faut parfois chercher au-delà des apparences.

Peut-être que la vie te réserve une surprise,

Comme une fleur rouge dans un champ de silence.

Le bleu du ciel et de la mer peuvent se mélanger,

Pour former une rivière paisible et sereine.

Il faut parfois juste savoir observer,

Pour trouver la beauté cachée dans l'ordinaire.

****

Être amoraux d'obscurité de la nuit,

La raison refuse les illusions de l'aube sans bruit !

Ce que le Blanc cherche toujours,

Le Noir l'a accompli pour toujours !

Je t'avais prévenu de ne pas chercher la logique,

Quand les sentiments se perdent dans l'obscurité magique,

Mais la logique reviendra dans une nuance de gris,

Riant d'elle-même, sans se soucier des paradigmes établis.

Peut-être qu'entre les cendres, une fleur rouge s'épanouit !

Ou qu'une rivière transporte le bleu du ciel vers les océans, sans un bruit.

****

Notre mère, la terre si belle et si fière,

Nos sœurs, les arbres, majestueux et solidaires,

Les fleuves, les filles de grand-mère, la mer,

Ils disent, blêmes :

Qu'est-ce que ces êtres mal placés,

Ces êtres humains cupides !

Ils ne savent pas encore, après des milliards de morts,

D'où ils ne sont venus ni où ils retourneront !

Certains s'entretuent, hallucinés,

Pour atteindre notre paradis rêvé,

Hélas, nous détruisons en notre querelle,

Notre propre paradis, dans une croyance irrationnelle.

****

Comme l'espoir qui nous était assuré,

Dans la boîte de Pandore a été aspiré,

Par cette catastrophe à la fois bizarre et pure,

Nous nous livrons au jeu de la vie,

Au rythme de ce vieux temps robotisé,

Dont l'apparence trompeuse nous a dupés !

Laisse tomber bébé, allez...

Avant de se perdre en chagrine philosophie,

Baiser tes lèvres optimistes,

C'est le jeu le plus pur,

La seule solution,

Entre ces êtres espérés et tous ces secrets enfouis !

Trouver la clé pour sortir de cette boîte de malheur,

Et retrouver l'espoir et la pureté intérieure,

Pour une vie plus libre, plus vraie, plus belle,

En harmonie avec notre planète et tous ses merveilles.

****

Lorsque tu n'es pas à côté de moi,

La vie perd son pouvoir sans pourquoi,

Je me réfugie dans le sommeil, mais lui aussi

Ne m'accueille plus sans toi près de moi.

À quatre heures du matin, entre le jour et la nuit,

Fatigué de lutter contre le sommeil,

Errant, perdu au milieu des ruelles du jardin de l'amant,

Je crie ma souffrance... je suis impatient.

Je me fais une promesse indiscutable,

Que ce coucher de soleil sans ta présence,

Je serai un hurleur, amer, sombre et mortel,

Que j'étoufferai dans mon âme cette nuit sans toi !

****

Où as-tu perdu ton regard,

Dans quel virage de la route noire,

Dans ce monde corrompu circulaire,

Que moi, je contemple avec désespoir.

Une telle amertume plus forte qu'un expresso,

Dans ce coin de café sombre et idiot,

Je roule en moi-même, si douloureux,

En cherchant ton regard si chaleureux.

****

En naissance avant d'ouvrir son œil
Étouffée sous le voile en forme de femme de ma patrie,
À entendre certains mots aveuglants à ses oreilles,
À la demande de son père et devant sa mère, la victime précédente,
Par la fête joyeuse et un dîner comme le dernier souper,
On la prive du droit d'être une moitié d'humain parfait,
Criminelle d'être née en tant que femme musulmane.

C'est la victoire du dieu inconnu et mystérieux,
Contre la femme, créatrice de l'humain qu'on a oubliée,
Une créatrice terrestre, tangible et pleine de douleurs,
Les plus dures pour la maman qui doit endurer ce moment de créer.

J'ai peur d'un regret incontestable de nos mères,
Comme nos défauts face à notre planète, la terre,
On réussira à découvrir d'autres planètes, confus et ambitieux,
Mais hélas, on les perd sous nos pieds sans rien faire de conscienceux.

****

Il y a dans ma patrie des hommes troublants

Qui ne sont pas nés d'aucune mère apparemment

Ils parient sur la tête d'une femme enceinte

Ils s'arrosent et déchirent son ventre chaque moment

Ils ont divisé les wagons du tram par les droits en islam

Les femmes sont à l'avant et à l'arrière pour les accidents

Selon leur droit qui a été réduit à moitié dans l'islam

Les hommes au milieu, avec un statut d'humain complet

Considérés par un économiste futuriste d'islam

Sans mère ni sœur qui soient en Iran et montent dans le tram

C'est ça l'histoire d'un pays comme l'Iran ruiné par la religion

Qui avait eu le droit civil deux mille ans avant l'émergence de l'islam.

****

Attire ce que te mérite, comme Nietzsche, loin des banalités,
Quand il s'est égaré sur terre, en quête de vérité,
Cherchant un dieu ancien, approuvé par les cieux,
Mais déçu et perdu, il s'est abrité, demandant au premier prophète.

Zarathoustra lui a signifié en persan, le mot du dieu,
Khodâ... qui signifie "reviens à toi-même", reconnais l'intérieur,
Il l'a dirigé vers une fontaine, pour trouver la source, son reflet dans l'eau,
Nietzsche s'est regardé, pleurant de se voir étranger.

Il a décidé de tuer un dieu insensé, hors de la nature humaine,
Un cauchemar trompeur, qui perd les hommes dans le néant,
Compatriote, n'égarez pas votre sagesse, ne vous perdez pas dans les cieux,
Chercher un dieu que vous ne connaissez que peu.

Le crépuscule et l'obscurité ont envahi notre avenir,
Depuis que nous avons perdu notre passé sans le reconnaître,
Nous nous sommes éloignés de notre essence, de notre vérité,

Sacrifiant notre héritage pour des illusions éphémères, en réalité.

Il est temps de revenir à nous-mêmes, retrouver notre chemin,
Reconnaître nos trésors intérieurs, nos identités enfin,
Ne pas chercher à l'extérieur ce qui réside en nous,
Renouer avec notre essence profonde, avec un cœur repenti et vertueux.

Compatriote, gardez précieusement votre sagesse, ne la laissez pas se perdre,
Reconnaissez la vérité en vous, avec honnêteté et sincérité, telle une lumière,
Retrouvons ensemble notre véritable nature, éclatant de clarté,
Pour un futur éclairé, une grande révolution, Femme, vie, liberté.

MIX
Papier aus verantwortungsvollen Quellen
Paper from responsible sources
FSC® C105338

Printed by Books on Demand GmbH, Norderstedt / Germany